Superspitze Fußballwitze

Superspitze Fußballwitze

Mit Illustrationen von Manfred Tophoven

KOSMOS

Alle Illustrationen von Manfred Tophoven, Straelen

Umschlaggestaltung von
Alexander Nuißl, Plural Design, Regensburg
unter Verwendung einer Fotografie von pixeltrap, fotolia.de

2., überarbeitete Auflage

ISBN 978-3-440-12252-5
Redaktion: Anna-Maria Bodmer, Claudia Steinke
Layout und Satz: Tatyana Momot und Tamara Just
Produktion: Angela List
Printed in the Czech Republic / Imprimé en République Tchèque

Das Pokalendspiel hat fast schon begonnen, da kommt noch ein Sportsfreund zum Kartenhäuschen gehetzt. „Es tut mir leid, das Stadion ist bereits bis auf den letzten Platz belegt!“, sagt die Frau an der Kasse. „Spitze, dann geben Sie mir doch einfach den!“

Philipp Lahm kommt von einem Trainingsspiel nach Hause. Seine Freundin wundert sich: „Du, dein Schienbein ist ja noch ganz dreckig! Hast du nicht geduscht?“ Lahm daraufhin: „Da hab ich im Gedränge in der Dusche wohl irrtümlich das Bein eines Kollegen gewaschen.“

Präsident zum Trainer: „Wie war denn der neue Spieler beim Probetraining?“ „Dem gelang ein Sonntagsschuss nach dem anderen.“ „Und warum haben Sie ihn wieder weggeschickt?“ „Wir spielen doch immer samstags!“

Die Dame an der Stadionkasse fragt einen Mann, der schon zum vierten Mal eine Karte kauft: „Warum wollen Sie denn noch eine Karte, mein Herr – Sie haben doch schon drei?“ „Richtig“, sagt der Mann, „aber der fiese Kerl am Eingang zerreißt sie mir immer wieder!“

Alexander Frei: „Wir brauchen keinen Psychater, wir brauchen einen Heimsieg.“

Oliver Kahn sitzt zu Hause und macht Kreuzworträtsel. Ehemaliger Torwart mit vier Buchstaben? – Kahn will „ich“ reinschreiben und merkt, dass „ich“ nur drei statt vier Buchstaben hat. Nach endlosem Überlegen fragt er seine Freundin. Die meint „du“! Aber nach kurzem Ausprobieren merkt Kahn, dass auch „du“ nicht passt. Schließlich legt er das Kreuzworträtsel beiseite und macht etwas anderes, vielleicht fällt ihm ja dann die Lösung ein. Als er dann abends im Bett liegt, schießt er auf einmal hoch und meint: „Liebling, jetzt weiß ich die Lösung, die meinen MICH“!

Nach dem Spiel: Ein kleiner Junge versucht, über den Stadionzaun zu klettern. Ein Ordner meint: „Hey, du da, geh gefälligst so raus, wie du reingekommen bist!“ „Aber das mache ich doch gerade!“

Eine Fußballerin heiratet. Vor der Kirche fragt der Pfarrer einen festlich gekleideten Herrn: „Sie sind sicher der Bräutigam?“ „Nein, ich bin im Halbfinale ausgeschieden.“

Bernd Schneider: „Schalke war heute eine Nummer zu groß für uns, nicht nur von der Größe her.“

„Meine Mannschaft ist jetzt wesentlich fairer als früher!“, meint ein Trainer zum Schiedsrichter. „Wie äußert sich das denn?“, fragt der Schiedsrichter. „Neuerdings besuchen meine Jungs nach dem Spiel sogar ihre Gegner im Krankenhaus!“

Markus Babbel findet einen Flaschengeist. Sagt der Geist: „Du hast mich gerettet. Du hast einen Wunsch frei!“ Babbel holt eine Weltkarte aus der Hosentasche und sagt: „Ich wünsche mir Weltfrieden!“ „Das geht nicht!“, antwortet der Geist. Daraufhin Babbel: „Dann wünsche ich mir, dass der VfB Stuttgart UEFA-Champions-League-Sieger wird!“ Der Geist seufzt und sagt: „Kann ich die Weltkarte vielleicht noch mal sehen?“

10

Nach einer verheerenden Niederlage trauen sich Bastian Schweinsteiger und Lukas Podolski nicht mehr auf die Straße. Mit Bart, Sonnenbrille und Perücke wagt es Poldi eines Tages doch, einkaufen zu gehen. Plötzlich sagt eine uralte Oma zu ihm: „Hey, Poldi, wie geht's?“ „Woher wissen Sie, wer ich bin? Ich möchte unerkannt bleiben!“, flüstert Poldi. „Mensch, Poldi, erkennst du mich nicht? Ich bin es doch, der Schweini …!“

Warum wurde der lauffaule Mittelfeldspieler vom Tierschutzverband angezeigt? – Weil er 90 Minuten auf demselben Regenwurm stand …

„Du bringst wirklich alle Qualitäten mit, die ein Fußballer so braucht“, meint der Trainer zu seinem Stürmer. Dem schwillt schon die Brust. Da seufzt der Trainer: „Alle, bis auf zwei …“
„Welche denn, die kann ich doch bestimmt noch lernen“, sagt der Fußballer hoffnungsvoll.
„Zwei geeignete Füße …“

Berti Vogts: „Kompliment an meine Mannschaft und meinen Dank an unsere Mediziner. Sie haben Unmenschliches geleistet!“

Im Musikunterricht bittet der Lehrer Julian, drei berühmte Deutsche zu nennen, deren Nachnamen mit B beginnen. Julians Antwort kommt wie aus der Pistole geschossen: „Beckenbauer, Ballack und Bierhoff!"
„Wie bitte, hast du etwa noch nie die Namen Bach, Brahms und Beethoven gehört?" Julian überlegt kurz. Dann sagt er: „Ich interessiere mich nicht für Ersatzspieler!"

Zwei ältere Damen unter sich. Fragt die eine: „Wieso läuft dein Mann eigentlich mit einem Verband um die Hand herum?" „Der Fußball ist Schuld!", antwortet die andere.
„Erzähl mir nicht, dass Dieter in seinem Alter noch Fußball spielt?"
„Nein, nein, er reagiert sich am Fernseher ab ..."

Bastian Schweinsteiger: „Shanghai hat 22 Millionen Einwohner, so viele gibt es ja in Europa fast nicht."

Ein 90-jähriger Mann, der seit über 70 Jahren leidenschaftlicher Bayern München-Fan ist, vertraut seinem Sohn seinen letzten Willen an. Er möchte unbedingt bei den Münchnern austreten und schnell noch Mitglied bei Werder Bremen werden. Sein Sohn kann es nicht glauben: „Aber Papa, du bist doch immer ein treuer Anhänger der Bayern gewesen!" „Ja, mein Sohn, aber wenn meine Zeit gekommen ist, möchte ich nicht, dass es einen Bayern-Fan weniger auf der Welt gibt – dann schon lieber einen Werder-Fan weniger!"

Warum hat die Arena auf Schalke mittlerweile ein Dach? – Glücksspiele unter freiem Himmel sind nun mal verboten.

14

In das Krankenzimmer von einem Schiedsrichter wird noch ein Bett geschoben. Er bekommt einen neuen Bettnachbarn. Der neue Patient sagt höflich: „Darf ich mich vorstellen — Müller, Architekt, Arbeitsunfall.“ „Freut mich sehr — Schmidt, Schiedsrichter, Elfmeter gepfiffen.“

Ein BVB-Fan betritt eine Kneipe und ruft in die Menge: „Hey, wer will einen tollen Schalke-Witz hören?“ Am Tresen dreht sich ein glatzköpfiger Kerl um und sagt: „Ich bin 1,93 m groß, 140 kg schwer und Schalke-Fan. Mein Kumpel hier ist 2 m groß, 150 kg schwer und auch Schalke-Fan, genau wie dessen Kumpel, der sogar 2,03 m groß und 166 kg schwer ist! Möchtest du uns deinen Witz immer noch erzählen?“
Darauf der Dortmunder: „Lieber nicht, bevor ich ihn dreimal erklären muss!“

Kommt ein Mann an die Kasse der Münchner Allianz-Arena: „Was kostet eine Karte für das Spiel der Bayern gegen Real Madrid?“ „Die teuerste kostet 40 Euro.“ „Dann geben Sie mir bitte eine davon! Hier haben Sie 20 Euro.“ „Aber das ist ja nur der halbe Preis!“ „Das weiß ich, aber mich interessiert ja auch nur, wie die Bayern spielen, und nicht, was die gegnerische Mannschaft zeigt!“

„Wir legen hier auf zwei Dinge besonderen Wert“, sagte der Präsident zu seinem neuen Star-Stürmer. „Das eine ist Sauberkeit. Haben Sie sich die Füße auf der Fußmatte abgetreten?“ „Aber natürlich!“ „Und ganz besonderen Wert legen wir auf Ehrlichkeit. Vor der Tür liegt gar keine Fußmatte.“

Kevin Kurányi: „Mir geht es besser als gestern und schlechter als morgen.“

Anruf in dem Hotel, das die deutsche Nationalelf bei der WM beherbergte. „Ich möchte gern Herrn Löw sprechen.“ „Tut mir leid, die Deutschen sind aus dem Turnier ausgeschieden und abgereist.“ Kurze Zeit später der gleiche Anrufer: „Ich möchte gern Herrn Löw sprechen.“ „Ich habe es Ihnen doch eben schon erklärt. Die sind ausgeschieden und abgereist. Können Sie das nicht kapieren?“ „Doch, aber ich höre das so gern!“

Bei der Fußball-WM in Südafrika herrscht Sicherheitsstufe rot, denn es wird ein Stargast erwartet: Papst Benedikt der XVI. Kein Wunder, denn der Papst ist schließlich überall dort zu finden, wo Not und Elend am größten sind.

Günter Netzer sitzt beim Friseur. Der unterhält sich mit ihm und sagt zwischendurch immer wieder: „Ja, Herr Delling, natürlich, Herr Delling!“ Netzer wundert sich und fragt deshalb etwas ärgerlich: „Warum sagen Sie eigentlich immer ‚Herr Delling’ zu mir? Sie wissen doch, wer ich bin!“ „Natürlich“, sagt der Friseur, „aber bei dem Namen Delling sträuben sich Ihre Haare so schön!“

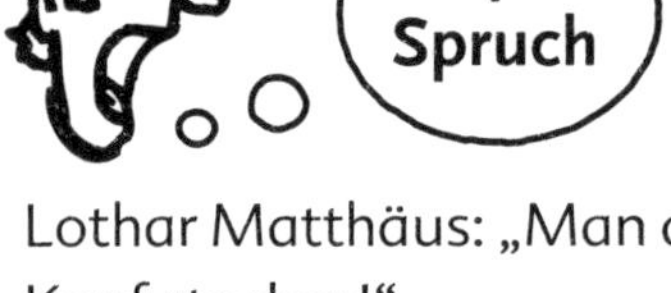

Lothar Matthäus: „Man darf den Sand nicht in den Kopf stecken!“

Länderspiel. Michael sitzt stolz auf der Ehrentribüne zwischen lauter gut betuchten Leuten. „Woher hast du denn die Ehrenkarte, mein Kleiner?“, fragt sein Sitznachbar. „Von meinem Vater“, sagt Michael. „Und wo ist dein Vater?“ „Der ist zu Hause – und sucht die Ehrenkarte ...“

20

Warum wird München neuerdings mit „ue“ statt mit „ü“ geschrieben? Der FC Bayern braucht jeden einzelnen Punkt für die Meisterschaft!

Der Fußballprofi kommt stolz nach Hause: „Ich habe heute zwei Tore geschossen!“ „Und wie ist das Spiel ausgegangen?“ „1:1!“

Drei Fußballprofis sitzen im Flugzeug. Plötzlich kommt der Pilot zu ihnen und verkündet, dass sie abstürzen, er aber nur drei Fallschirme habe. Der Pilot schnappt sich einen, sagt: „Ich habe Frau und Kinder!“ und springt los. Darauf sagt der erste Fußballspieler: „Ich bin sowieso der allerklügste und torgefährlichste Spieler der Welt!“, schnappt sich den zweiten Schirm und springt. Da sagt der zweite zum dritten: „Ich bin immerhin ein paar Jährchen älter als du, deshalb nimm du den Fallschirm. Du hast noch so viel vor dir!“ Entgegnet der dritte: „Keine Panik, der allerklügste und torgefährlichste Spieler von allen ist soeben mit dem Schlafsack abgesprungen …“

22

Ein junger Sportjournalist macht sein erstes Interview – und das gleich bei Felix Magath. Als er in dessen Büro vorgelassen wird, ist er total aufgeregt und geht auf ihn zu mit den Worten: „Herr Magath, ich habe schon so viel von Ihnen gehört!“ Daraufhin sagt Magath: „Aber beweisen können Sie mir nichts!“

Heiko Westermann genießt die Trainingspause beim FC Schalke 04 bei einer Tasse Kaffee und einem Stück Kuchen. Plötzlich stört eine Wespe die Idylle. Westermann ganz entsetzt: „Solange du auf meinem Teller sitzt, trägst du gefälligst nicht die Trikotfarben des Gegners!“

Gerald Asamoah: „Da krieg’ ich so den Ball und das ist ja immer mein Problem.“

Wie nennt man die deutsche Nationalmannschaft noch? – Einen Flaschenzug!

Eine Kundin sieht sich in einem Geschäft nach einem neuen Fernseher um. Der Verkäufer möchte sie gerne beim Kauf beraten und fragt: „Was für ein Modell soll es denn sein?“ Die Frau antwortet: „Das ist mir wirklich gleichgültig, Hauptsache, der Fernseher strahlt keine Fußballsendungen aus!“

Zwei Fußballfans unterhalten sich. Sagt der eine: „Gestern Nachmittag hat das enttäuschte Publikum zum Schluss mit faulen Tomaten und Eiern nach den Spielern geworfen.“ „Aber man hat doch auch tosenden Applaus gehört?“ „Ja, stimmt! Nach jedem Volltreffer!“

Oliver Kahn: „Das einzige Tier bei uns zu Hause bin ich.“

„Du, Papa, haben Schiedsrichter vor ihrer Karriere auch noch etwas anderes gemacht?“ „Na klar, das sind alles ehemalige Spieler, die wegen ihrer schlechten Augen nicht mehr aktiv spielen dürfen.“

Der Trainer unterhält sich mit seinem Stürmer über dessen Defizite. „Dein Problem ist, dass du zu langsam bist! Gibt es nicht eine Sache, bei der du die anderen Spieler in puncto Schnelligkeit übertriffst?“ „Oh doch“, antwortet der Stürmer nach kurzem Überlegen, „die gibt es: Ich werde extrem schnell müde!“

Der Mittelstürmer humpelt vom Fußballplatz, nachdem seine Mannschaft nach einer 90-minütigen Abwehrschlacht hoch verloren hat. Besorgt kommt ihm der Trainer entgegen und fragt: „Schlimm verletzt?“ Der Mittelstürmer antwortet: „Nein, nein, mein Bein ist nur eingeschlafen!“

Der Fußballstar wird für die nächsten fünf Spiele gesperrt. Nach dem Match läuft er zusammen mit dem Schiedsrichter Richtung Kabine und sagt: „Nicht wahr, Herr Schiedsrichter, das war ein schönes Spiel heute?! Nur zu schade, dass Sie es nicht gesehen haben!“

Eine Frau steht missmutig vor den Regalen einer Parfümerie. Eine Verkäuferin nähert sich und fragt höflich: „Kann ich Ihnen behilflich sein?“ Die Frau sagt deprimiert: „ Haben Sie irgendeinen Duft, der nach Fußball riecht?“

STRAF
RAUM

Nach einer schrecklich hohen Niederlage spricht der Trainer zu seiner Mannschaft: „Ihr solltet so spielen, wie ihr noch nie gespielt habt, und nicht etwa so, als ob ihr noch nie gespielt habt! Das ist ein Unterschied!“

„Ich verstehe nicht, warum man jeden Sonntag unbedingt zum Fußball muss!“, nörgelt eine vom Fußball geplagte Ehefrau. „Eben, eben“, erwidert ihr Mann. „Wenn man von einer Sache nichts versteht, dann sollte man sich auch lieber raushalten!“

Toni Polster: „Das ist Wahnsinn! Da gibt’s Spieler im Team, die laufen noch weniger als ich.“

Nach der 0:7-Niederlage tippt der Trainer seinem hoch bezahlten Stürmer auf die Schulter und meint: „Wann kriege ich denn mal wieder etwas Ordentliches von dir zu sehen?“ „Heute im Werbefernsehen – da stelle ich die neue Ochsenschwanzsuppe vor!“

Der Sohn des Fußballstars kommt eines Tages von der Schule nach Hause und erzählt seinem Vater stolz: „Du, Papa, mein Vertrag mit der Schule wurde um ein weiteres Jahr verlängert!"

Nachdem der Torwart einen Ball durchgelassen hat, fragt ihn der Reporter: „Warum haben Sie den Ball nicht gehalten?" Der Torwart antwortet ehrfürchtig: „Er hat zu mir gesprochen." „Was hat er denn gesagt?" „Lass mich durch, ich bin Arzt!"

Neujahrsnacht. Andreas Beck meint zu Serdar Tasci: „Na, wenn das bloß kein Unglücksjahr wird!" Tasci daraufhin: „Wie kommst du denn darauf?" Beck erklärt: „Es beginnt ausgerechnet mit einem Freitag." „Ach", seufzt Tasci, „da können wir aber froh sein, dass es nicht auch noch der Dreizehnte ist!"

Nach einer Feier sind Arne Friedrich und Per Mertesacker betrunken auf dem Heimweg. Plötzlich bückt sich Friedrich, hebt einen Geldschein auf und jubelt: „Juhuuu, ich hab einen Zehner gefunden!“ Mertesacker reißt ihm den Schein aus der Hand, sieht kurz darauf, zerknüllt ihn und wirft ihn weg. Friedrich ist sauer und regt sich auf. Mertesacker versucht, ihn zu beruhigen: „Sei nicht traurig, das war ein falscher Zehner – es waren zwei Nullen drauf!“

Nach dem verlorenen Viertelfinale sagt der Trainer der Presse: „Wir wollten ein Vorbild für alle Fans sein – wir schlagen niemanden mehr!“

Jens Lehmann: „Eine Minute nach Spielende habe ich noch nicht die Intelligenz, um das Spiel zu beurteilen.”

Der Neuzugang des Vereins fragt ganz aufgeregt, wann er denn endlich mal in der ersten Mannschaft spielen darf. Der Trainer antwortet postwendend: „Bist du verrückt?" „Nein, aber wenn das die Voraussetzung ist, um erfolgreich in der ersten Mannschaft zu spielen ..."

Während der WM-Übertragung meint die Ehefrau zu ihrem Mann: „Ich würde mich ja auch für Fußball interessieren. Wenn ich nur das Bier besser vertragen würde ..."

Wie kann man Bankräuber und Fußballstars auseinander halten? – Der Bankräuber sagt: „Geld her oder ich schieße!“ Und der Fußballstar sagt: „Geld her oder ich schieße nicht!“

Warum stehen 16 Spieler des FC Bayern München vor dem Kino herum? – Der Film, den sie anschauen wollen, ist erst ab 18 und deshalb warten sie noch auf zwei Kollegen.

Marko Marin und Mesut Özil machen zusammen die Führerscheinprüfung. Bevor sie endlich mit der Praxis beginnen dürfen, kommt jedoch erst einmal die Theorie auf sie zu. Fahrlehrer: „Nennen Sie mir ein Teil vom Auto.“ Marin: „Linkes Vorderrad!“ Özil: „Rechtes Vorderrad!“ Der Fahrlehrer fragt weiter: „Nun ein Teil im Inneren des Autos!“ Marin: „Linker Vordersitz!“ Özil: „Rechter Vordersitz!“ Der Fahrlehrer ist beinahe zufrieden, stellt aber noch eine letzte Frage: „Und jetzt noch eine Automarke!“ Marin: „Jaguar!“ Özil: „Februar!“

Ein Gespräch unter sportinteressierten Arztkollegen. Sagt der eine: „Der Sport ist eine ungemein völkerverbindende Sache.“ „Wie kommst du denn darauf?“, fragt der andere. „Na ja, nach einem internationalen Fußballmatch habe ich einmal fünf Spieler verbunden.“

Der Präsident des Regionalligisten stürmt in die Kabine: „Eine gute Nachricht, Männer! In der kommenden Saison steigen wir auf!" „Klingt ja toll, aber wie sollen wir das schaffen?" „Keine Sorge, ich weiß schon wie: Ich kaufe einfach elf neue Spieler!"

Der Lehrer fragt Max: „Es gibt Millimeter, Zentimeter, Meter, Dezimeter, Quadratmeter. Was gibt es noch?“ Max muss kurz überlegen und antwortet dann strahlend: „Elfmeter, Herr Lehrer!“

„Sind Sie öfters hier im Fußballstadion?“
„Da pfeif ich drauf!“
„Oh, das heißt, dass Sie mit Fußball gar nichts am Hut haben?“
„Ganz im Gegenteil, ich bin Schiedsrichter!“

Jens Jeremies: „Das ist doch Schnee von morgen.“

An der Kasse des Fußballstadions erkundigt sich ein Schotte nach den Preisen: „Wie viel kostet denn ein Sitzplatz?“ „20 Euro.“ „Wäre ein Stehplatz sehr viel günstiger?“ „Der kostet zehn Euro.“ „Perfekt, dann stehe ich die 90 Minuten auf einem Bein und nehme eine Karte für fünf Euro!“

Schalke spielt gegen Bayern. Zwei Minuten nach dem Anspiel fährt ein Zug vorbei und pfeift. Die Bayern denken, der Schiedsrichter hätte das Spiel abgepfiffen und gehen nach Hause. 30 Minuten später schießt Schalke das erste Tor.

Ein Fußballprofi und ein Laie unterhalten sich: „Wirklich schade, dass im Moment so wenig Fußball im Fernsehen läuft!“, meint der Profi. „Och, das kann ich gut verstehen“, sagt der Laie. „Schließlich können die Jungs bei dem traumhaften Wetter ja auch wieder draußen spielen!“

Was ist die kleinste Brauerei Deutschlands? – Das Nationalteam, die haben elf Flaschen.

Während einer Medizin-Vorlesung an der Uni fragt der Professor seine Stundenten: „Was für eine Diagnose stelle ich, wenn ich jemanden vor mir habe, der aufspringt, ständig wild hin und her läuft, aus voller Lunge schreit, sich wieder hinsetzt und gleichzeitig wie verrückt auf seinem Stuhl wippt?“ Ein Student meldet sich: „Das ist doch keine Krankheit! Was Sie da beschreiben, das ist ein Fußballtrainer!“

Lothar Matthäus: „Schiedsrichter kommt für mich nicht infrage, schon eher etwas, was mit Fußball zu tun hat.“

Während des Spieles fliegt plötzlich eine Flasche auf das Spielfeld. Schreit der Schiedsrichter: „Was soll das?“ Ruft einer der Zuschauer: „Damit Sie nicht so alleine sind!“

Zwei Fußballfans treffen sich. „Du“, sagt der eine, „meine Frau will sich von mir scheiden lassen, wenn ich weiter jedes Wochenende auf den Fußballplatz gehe.“ „Das ist aber sehr unangenehm“, meint der andere. „Ja, allerdings, sie wird mir sehr fehlen!“

Lukas Podolski: „Fußball ist wie Schach ohne Würfel.“

Mit traurigem Gesicht kommt der sechzehnjährige Tom vom Fußballspielen nach Hause. „Was ist los“, fragt sein Vater, „habt ihr verloren?“ „Nein“, sagt der Sohn, „aber ich soll in einer anderen Mannschaft spielen.“ „Dann haben sie dich also verkauft?“ „Nein, viel schlimmer – verschenkt!“

Ein Profifußballer steht im Himmel vor Petrus. Der fragt ganz erstaunt: „Sie hier? Wie haben Sie denn das Tor gefunden?“

Per Mertesacker hat sich für seinen Kumpel Andreas Beck ein tolles Geburtstagsgeschenk ausgedacht: Silvesterknaller! Nachdem er sie überreicht hat, läuft Beck gleich raus, um sie auszuprobieren. Schon nach einer Minute ist er wieder zurück und sagt total enttäuscht: „Die funktionieren ja gar nicht!" Mertesacker kann das kaum glauben: „Das verstehe ich jetzt aber nicht, ich habe sie doch vorhin extra ausprobiert ..."

Lothar Matthäus: „Es ist wichtig, dass man 90 Minuten mit voller Konzentration an das nächste Spiel denkt."

„Haben Sie drei Sekunden Zeit?", fragt ein Zuschauer den Schiedsrichter nach Spielschluss. Dieser nickt. „Dann erzählen Sie mal alles, was Sie über Fußball wissen!"

Fragt ein Trainer seine Mannschaft: „Welche Muskeln werden aktiviert, wenn ich ein Tor schieße?“ Für seine Mannschaft ist der Fall klar: „Die Lachmuskeln natürlich!“

Ein Fernsehreporter startet eine Umfrage unter Fußballspielern: „Was empfinden Sie eigentlich, wenn Ihre Mannschaft gewinnt?“ Der Mittelstürmer antwortet: „Das kann ich Ihnen nicht sagen, ich bin doch erst in der vierten Saison dabei …“

Manuel Neuer: „Der Heiko Westermann hat mir vor dem Spiel gesagt, dass er ein Tor machen wird. Dass er das bei mir versuchen wird, hat er nicht dazu gesagt.“

Van Gaal, Schaaf und Löw haben einen guten Draht zum lieben Gott. Jeder von ihnen darf ihm deshalb eine Frage stellen. Van Gaal überlegt nicht lange und fragt: „Lieber Gott, sag mir, wann wird Bayern die UEFA-Champions League gewinnen?" Gott antwortet: „In 30 Jahren!" Van Gaal hört das nicht gerne, da er dann natürlich nicht mehr Bayern-Trainer ist. Jetzt ist Schaaf an der Reihe: „Wann wird Bremen Deutscher Meister?" Gott seufzt und sagt: „In 50 Jahren." Schaaf, ebenso enttäuscht wie van Gaal: „Dann bin ich nicht mehr im Amt!" Schließlich darf Löw noch eine Frage stellen: „Lieber Gott, wann wird Deutschland mal wieder Fußballweltmeister?" Gott gibt zu: „Dann werde ich nicht mehr im Amt sein ..."

Der Fußballer hat miserabel gespielt, schiebt aber die ganze Schuld auf den Schiedsrichter. In der Kabine meint er zu seinem Trainer: „Dem Kerl trete ich in den Hintern!“ Sein Trainer erwidert: „Lass das mal lieber, den triffst du sowieso nicht!“

Ailton: „Es ist einfacher, Tore zu schießen, als den deutschen Führerschein zu machen.“

Kurz vor dem Heimspiel des HSV gegen Werder Bremen läuft ein Werder-Fan hilflos durch den Hamburger Hauptbahnhof. Schließlich fasst er sich ein Herz und fragt einen Passanten: „Verzeihen Sie, wie komme ich zum HSV?“ Der hilfsbereite Hamburger überlegt kurz und sagt dann: „Trainieren. Sehr viel und hart trainieren!“

Wie hoch ist der Marktwert der deutschen Fußball-Nationalmannschaft? – Knapp drei Euro: elf Mal Flaschenpfand!

Das Nachwuchstalent zum Manager: „Wie hoch wird denn mein Gehalt sein?“ „Zunächst einmal 10.000 Euro netto monatlich, später dann mehr.“ „O.k., dann komme ich später wieder!“

Der Trainer zu Miroslav Klose vor der Partie FC Bayern München gegen den 1. FC Köln: „Du deckst den Podolski, so eng du nur kannst!“ Darauf erwidert Klose: „Den Podolski? Ich will nicht, ich hab Angst! Der tritt doch auf alles, was sich bewegt!“ Trainer: „Dann besteht doch für dich keine Gefahr …“

Günther schaut sich im Fernsehen ein Fußballspiel an. Er regt sich sehr auf und brüllt: „Der Schiedsrichter ist ja blind!“ Seine Frau sieht ihn verständnislos an und fragt: „Und warum trägt dann der Ballack die Armbinde?“

Joachim Löw ist Bundestrainer geworden. Seine erste Ansprache lautet: „Wir müssen bei null beginnen. Also, das da ist der Ball!“ Er legt den Ball auf die Seite, als Schweinsteiger noch mal nachfragt: „Kann ich den noch mal sehen?“

Oliver Kahn: „Es ist schon verrückt, was der Fußball aus mir macht!“

Ein Fußballjournalist wird gefragt, was ihm an seinem Beruf besonders gut gefällt. Er überlegt kurz und antwortet dann: „Man sagt freitags voraus, welche Mannschaft am Samstag gewinnen wird, um sonntags zu erklären, warum sie verloren hat!“

Otto Rehagel: „Wir spielen am besten, wenn der Gegner nicht da ist!“

Drei berühmte Fußballer fliegen gemeinsam nach Amerika: Jürgen Klinsmann, Rudi Völler und Lothar Matthäus. Der Zollbeamte in New York lässt die drei nicht so einfach passieren und fragt alle drei der Reihe nach: „Where are you from?“ Klinsmann gibt bereitwillig Auskunft und sagt: „I am from Germany!“ Völler stimmt ein: „I am from Germany, too!“ Als Letzter antwortet Matthäus und sagt: „I am from Germany, three!“

Der Verein ist wegen Finanzproblemen in die Schlagzeilen geraten. Der Reporter will herausbekommen, was genau passiert ist, und fragt den Präsidenten: „Stimmt es, dass Sie einen neuen Schatzmeister suchen?“ Der Präsident antwortet resigniert: „Das stimmt, ja! Und den alten leider auch!“

Frau Meier: „Du mit deinem blöden Fußball! Ich möchte heute Abend ‚Wetten, dass…' im Fernsehen anschauen!" Ihr Mann erwidert: „Das gab es doch schon mal!" „Deutschland gegen Frankreich auch!"

Franz Beckenbauer: „Ich bin immer noch am Überlegen, welche Sportart meine Mannschaft an diesem Abend ausgeübt hat. Fußball war's mit Sicherheit nicht!"

Michael Ballack kauft im Blumenladen ein. Er sieht sich einen Moment lang um und entscheidet sich für Rosen: „Ich hätte gerne zehn rote Rosen." Die Verkäuferin fragt ihn: „Lange?" Ballack ist verwirrt: „Also wenn Sie so fragen: Kurz reicht eigentlich auch. Meine Frau fährt morgen in den Urlaub, dann kann ich die Rosen gleich wieder zurückbringen …"

Voller Neid schaut eine winzige Spinne in der Halbzeit auf das Netz des Tores: „Hier müssen aber besonders große Spinnen am Werk gewesen sein …“

Der Trainer eines großen Fußballvereins gibt eine Pressekonferenz. Ein Reporter stellt ihm eine Frage: „Wie sieht Ihrer Meinung nach die Zukunft Ihres Top-Stürmers aus?“ Der Trainer antwortet: „Also, für fünf Millionen Euro kann er eigentlich gehen! Haben Sie noch weitere Fragen?“ „Wie viel Millionen müssen Sie bieten, damit er anfängt zu laufen?“

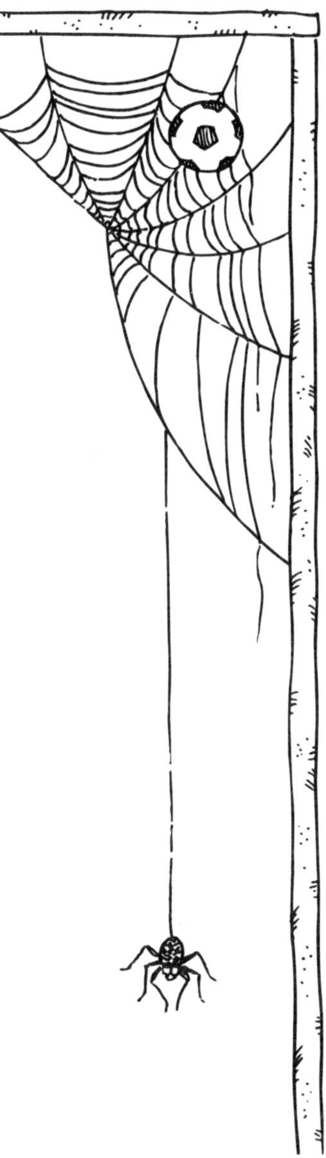

Ein Fußballspieler hat ein krummes Ding gedreht und steht deshalb vor Gericht. Der Richter verkündet das Urteil: „Fünf Jahre!“ „Mannomann“, seufzt der Spieler, „von so einem Vertrag habe ich bisher immer nur geträumt.“

Mario Basler: „Wenn der Ball am Torwart vorbeigeht, ist es meist ein Tor.“

Wie heißen die Fußballschuhe von Jesus? – Christstollen natürlich!

Unterhalten sich zwei Fußballfans. Sagt der eine: „Euer Verein soll einen neuen Trainer bekommen." Der andere: „So, wen denn?" Antwortet der erste: „Reinhold Messner, er soll schon mal alles für den Abstieg vorbereiten!"

Erich Ribbeck: „Bei uns wird auf dem Platz zu wenig gesprochen. Das könnte an der Kommunikation liegen."

Ein kleiner Junge verfolgt gemeinsam mit seinem Vater aufmerksam ein Fußballspiel. Als die Spieler zur Halbzeit in die Kabinen gehen, fragt der Junge seinen Vater: „Papa, wenn sie jetzt ausgeschlafen haben, können die Spieler in der Pause doch frühstücken, oder?"

Die Frauenbeauftragte des Deutschen Bundestages schickt ein Rundschreiben an alle Fußball-Bundesligavereine mit der Bitte, das heimische Stadion doch endlich mal nach einer Frau zu benennen. Der einzige Verein, der sich meldet, ist der VfB Stuttgart. Der Stuttgarter Präsident teilt der Dame am Telefon stolz mit, dass er sich entschlossen habe, ihrem Wunsch nachzukommen. Hocherfreut fragt sie: „Wie soll denn Ihr Stadion jetzt heißen?“ „Dem-Gottlieb-Daimler-seine-Frau-Stadion!“

„Zeigen Sie mal Ihren Pass“, fordert der Zollbeamte Miroslav Klose bei der Einreise nach New York auf. „Gern, haben Sie einen Ball da?“

Rudi Völler: „Zu fünfzig Prozent haben wir es geschafft, aber die halbe Miete ist das noch nicht.“

„Sind eigentlich alle Fußballspieler eingebildet?“, fragt ein Reporter einen bekannten Fußballspieler. „Allerdings, ich kenne mindestens zehn Spieler unserer Mannschaft, die sich einbilden, besser zu sein als ich.“

Kommt ein Spieler zum Mannschaftsarzt. „Herr Doktor, Sie haben mir doch geraten, mit den Hühnern schlafen zu gehen.“ „Ja, und?“ „Ich falle dauernd von der Stange ...“

Mehmet Scholl: „Ich fliege irgendwo in den Süden – vielleicht nach Kanada oder so.“

An der Stadionkasse. „Zwei Karten, bitte!“ „Wir haben leider nur noch Stehplätze!“ „Gibt es denn wenigstens noch zwei nebeneinander?“

Oliver Kahn: „Ich routiere höchstens, wenn ich Opfer des Rotationsprinzips werde.“

Beim Fußballspielen haben die Jungen wieder die Zeit vergessen. Da sagt Max plötzlich: „Du, Florian, wir müssen nach Hause. Es ist schon acht vorbei, sonst kriegen wir wieder Ärger!“ Aber Florian meint: „Komm, wir spielen noch eine halbe Stunde! Wenn wir dann erst nach Hause kommen, kriegen wir einen Kuss, weil uns nichts passiert ist ...“

„Der Trainer sagt, ich sei sein bestes Pferd im Stall.“ „Wieso?“ „Ich mache den meisten Mist!“

Himmel und Hölle wollen ein Fußballspiel veranstalten. „Wir haben alle guten Spieler!“, sagt Gott stolz. Daraufhin der Teufel: „Na und? Wir haben die Schiedsrichter!“

Fredi Bobic: „Man darf nicht alles so schlecht reden, wie es war.“

Bestes Fußballwetter, strahlender Sonnenschein. Ein Zuschauer bemerkt begeistert: „Was für ein Kaiserwetter!“ Da nickt ein anderer zustimmend und sagt: „Ja, ja, der Beckenbauer hat eben überall seine Finger im Spiel.“

Jürgen Klinsmann: „Des sin Gefühle, wo man schwer beschreibe kann.“

„Warum machen Sie denn jetzt schon das Flutlicht an?“ „Weil keiner der Spieler eine richtige Leuchte ist!“

Ein Mann sitzt im Fußballstadion und spricht ständig mit sich selbst. Der Nachbar kann es bald nicht mehr ertragen und fragt ihn entnervt: „Warum sagen Sie denn dauernd ‚20 000 Zuschauer, 22 Spieler, drei Schiedsrichter und zwei Trainer'?“ „Es sind so viele Leute hier im Stadion, und der Vogel hat ausgerechnet mir auf den Kopf gemacht!“

Was bedeutet das Wort Team für eine Fußballmannschaft? – **T**oll, **e**in **a**nderer **m**acht's!

Was sagt Joachim Löw, wenn Lukas Podolski auf den Platz rennt? – „Der tut nichts, der will nur spielen!“

Roy Makaay: „Wenn ich denke, dass der Torwart denkt, und der Torwart denkt, dass ich denke, dann kann ich auch einfach schießen; es macht keinen Unterschied.“

Die Ehefrau tobt. „Für nichts anderes hast du Gedanken als für Fußball. Das ist ja nicht auszuhalten. Ganz bestimmt weißt du nicht einmal mehr, wann wir geheiratet haben!“ „So, da irrst du dich aber gewaltig. Das war genau der Tag, als Fortuna Düsseldorf gegen den MSV Duisburg unentschieden spielte und absteigen musste.“

Rudi Völler: „Was meine Frisur betrifft, da bin ich Realist.“

Die deutsche Fußballnationalelf befindet sich im Trainingslager. Philipp Lahm geht zum Mannschaftsarzt. Der fragt ihn, was denn sein Problem sei, und Lahm erklärt: „Herr Doktor, Sie hatten mir doch diese Kraftnahrung verschrieben …“ „Ja, was stimmt denn damit nicht?“, fragt der Arzt. Lahm schluckt und sagt: „Ich bekomme die Packung gar nicht erst auf!“

Es regnet in Strömen. Der Fußballplatz ist total überschwemmt. Trotzdem soll das Spiel stattfinden. Vor dem Anpfiff fragt der Kapitän seine Mannschaft: „Sollen wir erst mit der Strömung spielen oder dagegen?“

Der Trainer des FC Bayern München besucht den Trainer von Hertha BSC Berlin und fragt ihn: „Sind deine Spieler wirklich alle so klug, wie man sagt?“ Friedhelm Funkel ruft Arne Friedrich zu sich und fragt ihn: „Wer ist das Kind deiner Eltern, wenn es nicht dein Bruder und auch nicht deine Schwester ist?“ Friedrich zögert keine Sekunde und antwortet: „Ich!“ Das ist logischerweise die richtige Antwort. Louis van Gaal ist beeindruckt. Beim nächsten Training der Bayern bittet er Bastian Schweinsteiger zu sich und fragt ihn: „Wer ist das Kind deiner Eltern, wenn es nicht dein Bruder und auch nicht deine Schwester ist?“ Schweinsteiger bittet um einen Tag Bedenkzeit. Am selben Abend fragt Schweinsteiger seinen Kollegen Mario Gomez um Rat. Dessen Antwort lautet: „Ich!“ Schweinsteiger merkt sich die Antwort und sagt einen Tag später zu seinem Trainer: „Die richtige Antwort lautet: Mario Gomez!“ Daraufhin entgegnet der: „Nein, das ist falsch! Die richtige Antwort lautet: Arne Friedrich.“

Während des Fußballspiels geht ein Mann durch die Reihen und ruft: „Heiße Würstchen, heiße Würstchen!“ Daraufhin ein Fan: „Wen interessiert, wie du heißt? Hast du Bier?“

Warum fällt ständig das Tor um, wenn Tim Wiese sich dagegen lehnt? – Der Klügere gibt eben nach!

Berti Vogts: „Wenn ich übers Wasser laufe, dann sagen meine Kritiker, nicht mal schwimmen kann er.“

Was macht ein Holländer, nachdem er die WM gewonnen hat? – Er schaltet erst einmal die Playstation aus!

Der Lehrer erwischt Marcel dabei, wie er gerade im Fußballstadion verschwinden will. „Du erzählst mir, du kannst nicht in die Schule, weil du angeblich deinen großen Bruder im Krankenhaus besuchen musst, und jetzt erwische ich dich hier." „Ich habe nicht gelogen, schließlich muss ich heute tatsächlich noch ins Krankenhaus! Mein Bruder ist nämlich Schiedsrichter ..."

Warum steht der Keeper barfuß im Tor? – Er hat seiner Frau versprochen, die Fußballschuhe an den Nagel zu hängen.

Ein junger, frisch verheirateter Fußballprofi ist in einer schrecklichen Verfassung und bittet seinen Vereinsmanager um eine Gehaltserhöhung: „Es tut mir leid, aber meine Frau leidet an einer schlimmen Krankheit, der man nur mit teuren Mitteln entgegenwirken kann.“ Der Vereinsmanager ist entsetzt, er traut sich kaum zu fragen: „Woran leidet sie denn?“ „An der Stoffwechselkrankheit – meine Frau braucht jede Woche ein neues Kleidungsstück!“

Piotr Trochowski besucht den FC Bayern München. Sagt Mario Gomez zu Miroslav Klose: „Du, Miro, wusstest du, dass der Piotr Trochowski total gut rechnen kann?“ Klose daraufhin: „Das musst du mir erst beweisen!“ Gomez: „Piotr, wie viel ist 2+2?“ Trochowski daraufhin: „6.“ Klose: „Du hast tatsächlich recht, er hat sich nur um eins vertan!“

Woran denken Männer beim Stichwort Romantik?
– An ein Fußballspiel bei Kerzenlicht.

René Adler zu Manuel Neuer: „Weißt du, was? Letzte Woche, als Stromausfall war, war ich drei Stunden lang im Aufzug eingesperrt.“ Darauf erwidert Neuer: „Ach, das ist doch noch gar nichts. Ich stand drei Stunden lang auf der Rolltreppe!“

Johannes B. Kerner: „Ich schlage vor, Sie halten sich jetzt die Augen zu. Ich sage nämlich jetzt die Bundesligaergebnisse."

Nach der Pause sagt ein Fußballfan zum anderen: „Unsere Jungs sind ja noch langsamer als in der ersten Halbzeit!“ „Na, ist doch klar, der Trainer hat sie bestimmt zur Schnecke gemacht!“

Der Fußballtrainer zum Rundfunkreporter: „Können Sie nicht etwas langsamer reden! Meine Jungs können gar nicht so schnell rennen, wie Sie sprechen!“

Matthias Sammer: „Das nächste Spiel ist immer das nächste.“

Stefan schleppt einen riesigen Sack mit Holzscheiten zur Tür hinaus. „Aber Stefan, wohin willst du denn mit dem vielen Holz?“, fragt seine Mutter. „Zum Fußballspiel!“ „Und wozu brauchst du da das Holz?“ Stefan verdreht die Augen. „Na, ich will die Spieler doch anfeuern!“

Warum spielen Ostfriesen bei jedem Fußballspiel nur eine Halbzeit lang? – Weil sie nicht wissen, wie sie den Platz umdrehen sollen.

Lukas Podolski: „Wir müssen jetzt die Köpfe hochkrempeln ... und die Ärmel auch.“

Warum spielen Ostfriesen auf einem kleineren Spielfeld? – Weil sie denken, dass das Spiel dann kürzer ist.

Trapattoni zu Beckenbauer: „Schau mal, Franz, da steht eine Woge.“ „Das heißt Waage.“ „Darf ich mal waagen?“ „Das heißt nicht waagen, das heißt wiegen.“ „So, Franz, jetzt habe ich mich gewiegt.“ „Das heißt nicht gewiegt, das heißt gewogen.“ „Na also, Franz, dann ist es ja doch eine Woge.“

Serdar Tasci durfte eine Probefahrt mit Mesut Özils neuem Auto machen. Als er zurückkommt, sagt er: „Hey du, ich habe eine gute, aber auch eine schlechte Nachricht für dich.“ Özil möchte zuerst die gute hören. „Dein Airbag hat wirklich gut funktioniert!“

Berti Vogts: „Ich glaube, dass der Tabellenerste jederzeit den Spitzenreiter schlagen kann.“

Ein Ehepaar streitet sich lautstark, denn man ist mal wieder zu spät dran und das Spiel der Lieblingsmannschaft hat längst begonnen. Seit einer Viertelstunde kämpfen die Jungs nun schon um den Sieg! Der Mann schiebt natürlich die Schuld auf seine Frau – da entgegnet sie seelenruhig: „Reg dich doch nicht so auf! Wir bleiben nachher einfach eine Viertelstunde länger ...“

Otto Rehagel: „Ich muss in diesem Job gut verdienen. Damit es mir mit 50 in der Klapsmühle zur ersten Klasse reicht.“

Michael Ballack kommt mit einem schmerzenden Fuß zum Arzt. Der fragt mitfühlend: „Na, Sie Armer, haben Sie sich beim Training verletzt?“ Ballack wiegelt ab: „Nein, nein, ich fürchte, mir ist mein Gehaltsscheck auf den Fuß gefallen.“

Karl-Heinz Rummenigge: „Viele können nicht unterscheiden zwischen Viererkette und Fahrradkette.“

In der Halbzeitpause fragt der Trainer seinen Mittelstürmer entsetzt: „Warum hast du denn ein Eigentor geschossen?“ „Na ja, die Tore sehen sich aber auch so verdammt ähnlich!“

Was haben ein Weinkeller und die Fußballbundesliga gemeinsam? – Jede der Flaschen ist ein Vermögen wert.

Ein Holländer kommt in einen Buchladen und sagt: „Ich hätte gerne das Buch ‚Holland Weltmeister 2010'." Der Verkäufer daraufhin: „Fantasy finden Sie in der zweiten Etage!"

Mehmet Scholl: „Es ist mir völlig egal, was es wird. Hauptsache, er ist gesund."

Franz Beckenbauer: „Ich habe in einem Jahr 16 Monate durchgespielt!"

„Warum pfeifen die Leute denn?", fragt ein Zuschauer einen anderen. „Jemand hat eine Flasche nach dem Schiedsrichter geworfen!" „Aber er hat ihn doch gar nicht getroffen!" „Eben, gerade deshalb pfeifen die Leute ja!"

Andreas Brehme: „Zum Glück ist die Mannschaft nach dem Spiel besser ins Spiel gekommen."

Ein Fußballspieler wartet auf die U-Bahn und vertreibt sich die Zeit damit, Dribbelschritte zu üben. „Kommen Sie, junger Mann", sagt eine ältere Dame zu ihm, „ich zeige Ihnen, wo die nächste Toilette ist."

Der Zahnarzt zu seinem Patienten: „Bitte schreien Sie mal, so laut Sie können!“ Der Patient: „Aber Sie haben das Wartezimmer doch voller Patienten! Die bekommen es ja mit der Angst zu tun.“ „Das ist ja auch Sinn der Sache, das Länderspiel fängt in zehn Minuten an!“

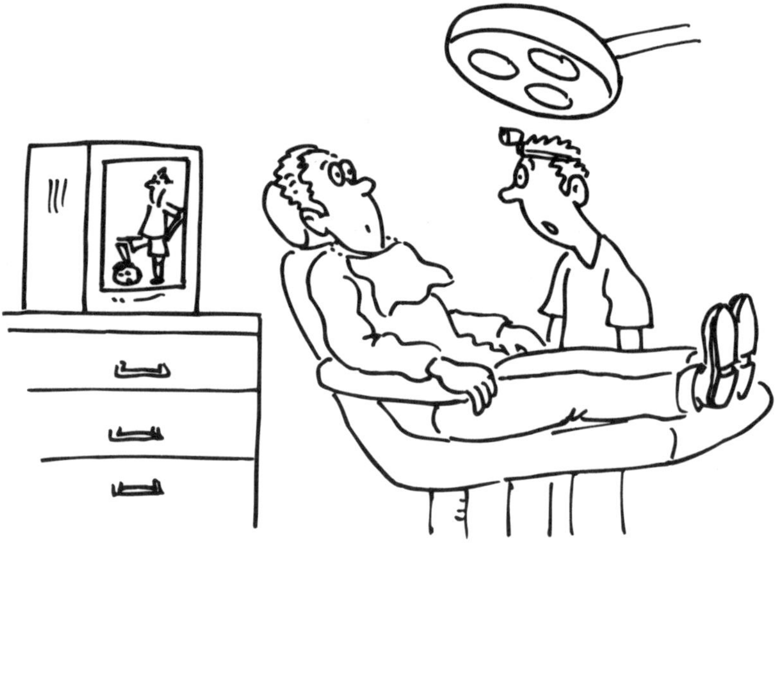

„Wie war ich?“, fragt der Torwart nach dem Spiel. „Am letzten Samstag warst du besser.“ „Aber da habe ich doch gar nicht gespielt.“ „Eben!“

Zwei Freunde unterhalten sich: „Kennst du den Unterschied zwischen unserem Fußballteam und einem Marienkäfer?“ „Die Marienkäfer haben mehr Punkte.“

Mehmet Scholl: „Ich kann nicht sagen, dass ich es nicht gesagt habe, weil ich es gesagt habe.“

Wie bekommt man in der Gelsenkirchener S-Bahn einen Sitzplatz, wenn alles voll ist? Ganz einfach, man singt: „Steht auf, wenn ihr Schalker seid!“

Der Pfarrer will eine Andacht halten. Aber niemand ist da. Nicht einmal der Organist. „Wer spielt denn heute?“, fragt er den Messner. „Deutschland gegen Brasilien“, sagt der.

Olaf Thon: „Wir spielen hinten Mann gegen Mann, und ich spiele gegen den Mann.“

Jens Jeremies: „Wenn es einmal hart auf hart kommt, kommt es meistens ganz hart."

Ein Dortmund-Fan geht zum Heimspiel. Er kommt am Ticketschalter an und legt einen 50-Euro-Schein auf den Tresen. Darauf fragt der Verkäufer: „Wollen Sie ein Ticket oder einen Spieler kaufen?"

Fragt der Mittelstürmer seine Freundin: „Warum heiratest du mich nicht? Männer wie ich wachsen nicht auf Bäumen.“ „Das weiß ich“, sagt sie. „Normalerweise schwingen sie sich von Ast zu Ast.“

Wolfgang will von Julian wissen: „Wie nennt man es, wenn Matthäus den Ball zu Klinsmann kickt?“ „Keine Ahnung!“ „Ganz einfach: Seniorenpass!“

Thomas Häßler: „In der Schule gab’s für mich Höhen und Tiefen. Die Höhen waren der Fußball.“

Das Pokalspiel ist fürchterlich langweilig. „Sieh mal“, sagt ein Tribünengast zu seinem Nebenmann, „der Ministerpräsident ist eingeschlafen.“ „Das ist aber noch lange kein Grund, mich aufzuwecken!“

„Ihr Fachgebiet ist also Fußball?“, fragt der Showmaster. „Ja“, antwortet der Kandidat. „Bravo, da habe ich eine Frage für Sie. Wie viele Maschen hat ein Tornetz?“

Franz Beckenbauer: „Ich sehe nach wie vor große Möglichkeiten, das Achtelfinale nicht zu erreichen.“

„Herr Pfarrer“, fragt Thomas Hitzlsperger, „ist es eine Sünde, wenn ich sonntags Fußball spiele?“
„Das nicht, aber wie du spielst!“

Warum fährt der Mannschaftsbus von Eintracht Frankfurt neuerdings über jede Ampel, die er kriegen kann? – Weil man so wenigstens ein paar Punkte in Flensburg holen kann.

Thomas Häßler: „Körperlich bin ich gut drauf, physisch natürlich auch.“

Der Fußballer ist gefoult worden und humpelt nun mit Schmerz verzerrtem Gesicht auf dem Spielfeld herum. Da meint der Trainer zum Vereinsmasseur: „Bei dem weiß man nie, ob man den Doktor oder den Theaterkritiker kommen lassen soll …“

Kevin Kurányi: „Viele sehen es negativ, dass wir schlecht gespielt haben.“

Stolz berichtet der Fußballtrainer einem Reporter: „Unser Mittelstürmer hat Kondition für zwei.“ „Für zwei Spiele?“ „Nein, für zwei gut bezahlte Autogrammstunden.“

Worin besteht die Ähnlichkeit zwischen Fußballern und Babys? – Sie denken, sie können durch Schreien alles erreichen!

Jürgen Klopp: „Ich hab meinen Spielern in der Pause gesagt: ‚Wenn wir schon mal alle hier sind, können wir doch eigentlich auch mal ein bisschen Fußball spielen.'"

„Warum kannst du denn nur 30-mal mit einem Ball jonglieren?“, fragt ein Fußballfreund den anderen. „Ich kann das viel öfter!“ „Ist doch logisch, ich werde jedes Mal vom Angriff der gegnerischen Mannschaft gestört!“

„Meine Mannschaft zeichnet sich besonders durch ihre Erfahrung aus“, erklärt der Trainer einem Reporter. „Das freut mich zu hören, aber warum setzt sie diese Erfahrung nie ein, um zu gewinnen?“

Michael Ballack trifft aus London im Trainingslager der deutschen Nationalmannschaft ein. „Na, wie ist es?“, fragt ihn Joachim Löw. „Kommst du eigentlich mit der Sprache gut zurecht?“ „Ich habe keine Probleme, aber die Engländer ...“

Lothar Matthäus: „Man sollte die Presse nicht wichtiger machen, als sie wichtig gemacht wird.“

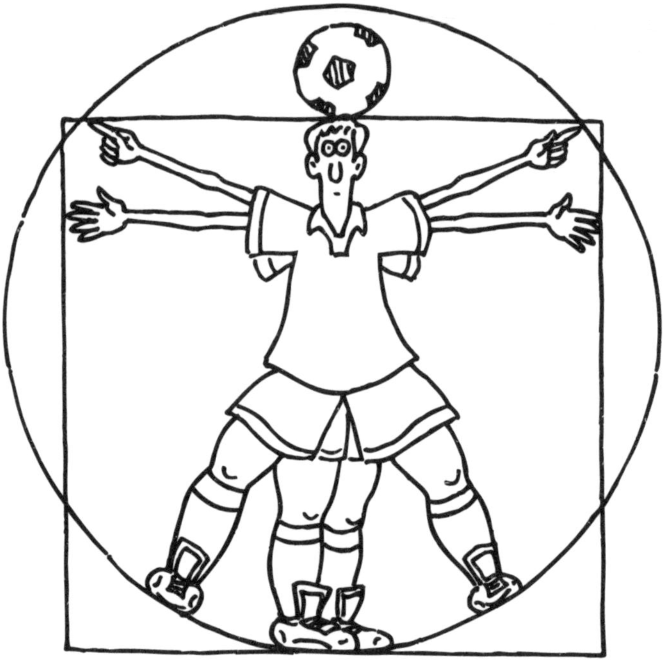

Der Arzt sitzt vor einem total verwirrten Joachim Löw, der behauptet, er rede im Schlaf. Er versucht, ihn zu beruhigen, und meint: „So schlimm kann das doch nicht sein!“ „Doch“, entgegnet Löw, „die ganze Mannschaft redet bereits über mich!“

Stefan Effenberg: „Die Situation ist aussichtslos, aber nicht kritisch."

Louis van Gaal übt mit Luca Toni die deutsche Sprache: „Ich bin schön. Welche Zeit ist das?" Daraufhin Luca Toni: „Vergangenheit!"

Ein Fußballspieler hat sich verlobt. „Und wann heiratet ihr?", wird er gefragt. „Noch lange nicht. Wir haben ja gerade erst mit der ersten Halbzeit begonnen."

Warum haben Fußballer grundsätzlich Mitleid mit Schiedsrichtern? – Schiedsrichter sind zwar blind, haben aber keinen Hund.

Michael Ballack: „Ich habe keine Rituale, bloß Dinge, die man immer gleich macht."

Was ist der Unterschied zwischen einem Fußballer und einem Fußgänger? – Der Fußgänger geht bei Grün, der Fußballer bei Rot!

Fernsehübertragungen von BVB-Spielen werden immer beliebter. Ein Drittel der Bundesbürger schaltet regelmäßig ein. Der Rest greift auf herkömmliche Schlafmittel zurück.

101

Im Erdkundeunterricht fragt die Lehrerin, wo Bayern liegt. Großes Schweigen macht sich in der Klasse breit, bis sich überraschend, aber sehr zur Freude der Lehrerin, Marco meldet: „Meistens an der Tabellenspitze!“

Ein Mann kommt zum Arbeitsamt. „Wie oft mussten Sie denn im letzten Jahr den Arbeitsplatz wechseln?“, fragt ihn der Mitarbeiter. „Insgesamt viermal!“, rechnet der Mann aus. „So, so, dann sind Sie also Gelegenheitsarbeiter?“ „Nein, ich bin Fußballtrainer!“

Mario Basler: „Eigentlich bin ich ein Supertyp. Aber ich kann wohl auch ein richtiger Arsch sein.“

Der Klubpräsident lobt den Stürmerstar: „Da Sie jetzt in der Nationalelf sind, erhöhen wir Ihr Gehalt um ein Drittel." „Das ist mir aber zu wenig, ich will wenigstens ein Viertel!"

Fragt der Reporter den Trainer einer Mannschaft, die schon wieder absteigt: „Was ist schöner für Sie: ein Sieg oder Weihnachten?" „Weihnachten, denn das gibt es öfter!"

„Du kommst in dieser Woche schon zum fünften Mal zu spät zum Training“, hält der Trainer dem Spieler vor. „Weißt du denn, was das bedeutet?“
„Ja, dass heute Freitag sein muss.“

„Also, Männer“, stellt sich der neue Trainer vor, „ich bin eine Seele von Mensch. Nur im Dienst bin ich ein Scheusal. Und für euch bin ich immer im Dienst!“

Lothar Matthäus: „Ein Lothar Matthäus spricht kein Französisch."

„Glauben Sie, dass meine Kurzsichtigkeit meiner Karriere schaden könnte?", fragt ein Fußballspieler seinen Augenarzt. „Ach was", meint der. „Sie können immer noch Schiedsrichter werden."

In der Schule soll die Klasse 6b einen Aufsatz über ein Fußballspiel schreiben. Christian will partout nichts einfallen. Aber plötzlich kommt ihm doch noch eine Idee und er schreibt: „Der Platz war leider nicht bespielbar!"

Unterhalten sich zwei Fußballtrainer: „Was sagst du denn zu unserem Mittelstürmer?“ „Toller Mann, wirklich. Wie man sieht, hat er ein hervorragendes Ballgefühl. Er kann ihn aufpumpen, einfetten und abwaschen. Nur den Ball ins Tor bringt er offensichtlich nicht!“

Andreas Brehme: „Das Unmögliche möglich zu machen, wird ein Ding der Unmöglichkeit.“

Während eines Fußballspiels sitzt der Trainer hektisch auf der Bank. Plötzlich springt er auf und ruft seinen Spielern zu: „Wieso kommt der Gegner so frei zum Schuss?“ Ein Spieler ruft genervt zurück: „Ist doch ein Elfmeter!“

„Mensch, Dieter! Mach den Fernseher an! Bayern gegen Bremen!“ „Na, und? Das Spiel habe ich doch letztes Jahr schon gesehen!“

Michael Ballack zu Philipp Lahm: „Du, was hat denn der Podolski? Der hustet und niest ja die ganze Zeit!“ Lahm: „Der hat sich in der letzten Saison einen bösen Schnupfen zugezogen.“ Darauf Ballack: „Kein Wunder, der stand ja auch die ganze Zeit im Sturm.“

Michael Ballack: „Wir können so was nicht trainieren, sondern nur üben.“

Warum verstehen sich Zinédine Zidane und Jan Koller so gut? – Weil sie sich nicht in die Haare kriegen können!

Der Pfarrer spricht mit dem kleinen Peter: „Ein Jammer, dass du nicht jeden Sonntag in die Kirche kommst, sondern stattdessen lieber Fußball spielst! Weißt du denn nicht, was mit Jungs wie dir passiert?“ „Doch, sie spielen irgendwann in der Bundesliga und verdienen Millionen!“

Fußball-Teamchef Joachim Löw und Patrick Kühnen, Kapitän des Davis-Cup, tauschen sich über die Probleme ihrer jeweiligen Sportarten aus.
Löw macht einen Vorschlag: „Am besten, wir tauschen unsere Spieler, denn meine treffen nicht ins Netz und deine hauen unaufgefordert ständig rein! Dann wäre uns beiden geholfen!“

Toni Polster: „Für mich gibt es nur entweder – oder. Also entweder voll oder ganz.“

Länderspiel in Bern. Die Nationalmannschaft der Schweiz spielt ausgezeichnet und führt mit zwei Toren. „Wirklich nicht übel“, sagt ein Berner langsam. „Stimmt“, erwidert sein Freund, „aber deshalb musst du doch nicht gleich vor Begeisterung in die Luft springen!“

Markus Babbel notiert gerade die Aufstellung für das nächste Spiel. Da fragt Sami Khedira: „Wie lange kann ich denn spielen?“ Babbel raunt: „Eine Sekunde, bitte ...“ Khedira daraufhin: „Super! Dann brauche ich nicht so viel Konditionstraining zu machen.“

Jens Lehmann: „Wenn der Ball so gesprungen wäre, wie ich es gedacht habe, hätte ich ihn gehalten, glaube ich."

Ein Kreuzfahrtschiff droht zu sinken. Der Kapitän schreit: „Gibt es an Bord jemanden, der gut mit einem Ball umgehen kann?" Der Profifußballer ist sofort dabei und ruft: „Klar, hier bin ich!" „Super", begeistert sich der Kapitän, „wir haben leider eine Schwimmweste zu wenig an Bord!"

Länderspiel. Welche Funktion hat der kleine Junge neben Bastian Schweinsteiger vor dem Spiel? – Er passt auf, dass Schweini die richtige Strophe der Nationalhymne singt!

Eine Fee besucht Per Mertesacker und sagt: „Du hast zwei Wünsche frei. Bitte sage mir, was dein Begehr ist.“ Mertesacker überlegt kurz und sagt: „Ich hätt gerne ‘ne Flasche Wasser, die nie leer wird!“ Und schwupps, hat er eine Flasche Wasser. Er öffnet sie, trinkt, setzt ab („Aaaah!“), sieht auf die Flasche und meint: „Ey cool, die is ja noch total voll!“ Die Fee fragt: „Und was ist dein zweiter Wunsch?“ – „Geben Sie mir noch so ‘ne Flasche!“

Warum haben die Gladbacher Fussballer Fahrräder zu Weihnachten geschenkt bekommen? – Damit sie schon mal rechtzeitig das Absteigen üben können!

Franz Beckenbauer: „Die Schweden sind keine Holländer – das hat man ganz genau gesehen."

Simon Rolfes sieht, wie Marko Marin aus einer Pfütze trinkt. Er sagt zu ihm : „Hey, lass das ! Da sind doch Bazillen drin." Darauf antwortet Marin: „Keine Panik, die sind alle tot! Ich bin vorher extra dreimal mit dem Auto durchgefahren!"

Warum soll der Stadionrasen von Eintracht Frankfurt einbetoniert werden? – Damit das Spielniveau nicht noch tiefer sinken kann!

Warum wollen nach einem Länderspiel alle das Trikot von Christian Gentner? – Weil es das einzige ist, das nicht verschwitzt ist.

Neuverpflichtung beim FC Bayern. „Sie sind engagiert. Mit ihrer breiten Brust sind Sie genau der Richtige für unser Team." Spieler: „Ist es nicht wichtig, dass ich auch gut spielen kann?" „Nein, Hauptsache, die Werbefläche ist groß genug!"

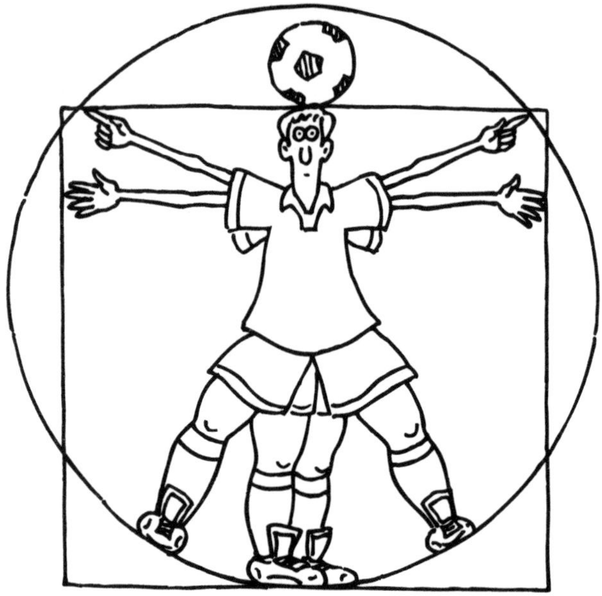

Arne Friedrich kommt aus der Toilette und versucht, sich im Gehen die Hose trocken zu reiben. „Was ist denn passiert?“, wird er von allen Seiten gefragt. „Ach“, antwortet Friedrich mürrisch, „der neben mir drehte sich zu mir um und fragte: ‚Sind Sie nicht der Friedrich?’“

Eine Fußballmannschaft fliegt zum Meisterschaftsspiel. Den Spielern wird es schnell langweilig, und sie fangen an, in der Maschine Fußball zu spielen. Der Pilot hat alle Mühe, die Maschine zu halten, und schließlich schickt er seinen Copiloten nach hinten. Nach fünf Minuten ist wieder Ruhe eingekehrt. „Wie ist dir das denn gelungen?“ fragt der Pilot. „Ich habe gesagt: ‚Jungs, es ist so herrliches Wetter — spielt doch draußen weiter!‘“

Andreas Möller: „Verlieren ist wie gewinnen nur umgekehrt.“

René Adler steht im Tor und wehrt sich verzweifelt gegen Mücken. Plötzlich kommen zwei Glühwürmchen angeflogen. Adler zu Per Mertesacker: „Verdammt, jetzt suchen uns die Biester schon mit Taschenlampen!“

Günter Netzer: „Die Nase ist halt eine verletzliche Stelle, und wenn man sie mit den Stollen oder der Fußspitze berührt, kommt es zu Nasenbluten."

Marcel Schäfer, Simon Rolfes und Christian Gentner retten sich nach einem Flugzeugabsturz auf eine einsame Insel. Da taucht plötzlich eine gute Fee auf. Sie sagt: „Jeder von euch hat einen Wunsch frei!" Gentner: „Ich wünsche mir, wieder zu Hause bei meiner Familie zu sein." Sein Wunsch wird ihm erfüllt. Rolfes sagt: „Ich will endlich wieder in meinem Garten sitzen." Sein Wunsch wird ebenfalls erfüllt. Schäfer sagt : „Da ich so alleine bin, wünsche ich mir meine beiden Freunde zurück!"

Mario Gomez zu Miroslav Klose: „Ob du es glaubst oder nicht, heute Nacht habe ich geträumt, ich sei ein Pferd und würde Stroh fressen!" „Ja und, Mario? Das ist doch nichts Besonderes!", erwidert Klose. „Eben doch. Als ich aufwachte, fehlte mir die halbe Matratze!"

Michael Ballack steht im Garten und sieht, dass auf seinem Dach einige Ziegel fehlen. Er geht ins Haus. Dort bemerkt er, dass ein paar Tassen verschwunden sind. Aufgeregt ruft er bei der Polizei an: „Herr Kommissar, ich habe einen Dachschaden und nicht mehr alle Tassen im Schrank!"

Heiko Westermann und Cacau haben den Autoschlüssel stecken lassen. Sie versuchen das Auto mit einem Draht zu öffnen. Plötzlich sagt Westermann: „Du, wir müssen uns beeilen, gleich fängt es an zu regnen, und das Dach ist noch offen."

Uli Hoeneß: „Rainer Calmund sagt zu allem irgendwas. Stoßen in Tschechien zwei Spieler mit dem Kopf zusammen, weiß er, dass das in Leverkusen 1934 auch schon passiert ist."

Thomas Hitzlsperger zu Franz Beckenbauer: „Ich habe neulich mein Handy auseinander geschraubt. Von wegen, die Grundgebühr ist auch schon drin – keinen Cent habe ich gefunden!"

Fragt ein Fußballer einen Pfarrer: „Pater, können Sie mir sagen, ob im Himmel Fußball gespielt wird?“ Antwortet der Pfarrer: „Kommen Sie bitte in einer Woche wieder, ich muss Erkundigungen einziehen.“ Nach einer Woche treffen die beiden sich wieder. Sagt der Pfarrer: „Ich habe eine gute und eine schlechte Nachricht. Die gute: Im Himmel gibt es riesige Stadien mit wunderbaren Fans, die jeden Kicker anfeuern. Die schlechte: Im nächsten Heimspiel sind SIE aufgestellt!“

„Herr Doktor, mir wird ständig rot vor Augen!“, klagt der Verteidiger des Vereins. Rät der Arzt: „Wechseln Sie mal den Schiedsrichter.“

Oliver Kahn: „Wir werden uns zu einer Krisensitzung zusammensetzen, weil wir nur 4:2 gegen den VfB gewonnen haben.“

Uli Hoeneß zu Franck Ribéry: „Einem guten und fleißigen Spieler zahlen wir auch gerne ein hohes Gehalt.“ Ribéry: „Hab ich mir doch gleich gedacht, dass da was faul ist.“

„Mein Arzt hat mir geraten, mit dem Fußballspielen aufzuhören.“ „Hat er dich denn gründlich untersucht?“ „Nein, er hat mich spielen sehen!“

„Entschuldigen Sie bitte die Verzögerung. Das Spiel kann gleich beginnen“, tönt es aus den Platzlautsprechern. „Der Schiedsrichter hat seine Pfeife vergessen!“ Ein Fan ist empört: „Muss der unbedingt während des Spiels rauchen?“

Felix Magath: „Schach ist für mich neben Fußball der schönste Sport, weil es aufgrund der Figuren auch ein Mannschaftssport ist.“

Fragt Marcel Schäfer seinen Kollegen Lukas Podolski: „Wusstest du, dass man drei Schafe für einen Pullover braucht?“ Darauf meint Lukas: „Wusste gar nicht, dass Schafe stricken können ...“

Jürgen Klinsmann: „Da sind meine Gefühle mit mir Gassi gegangen.“

„Tut mir Leid, Karten für das Endspiel und für das Spiel um den dritten Platz gibt es leider keine mehr.“ „Da kann man nichts machen, schade“, sagt die alte Dame lächelnd. „Dann geben Sie mir eben Karten für das Spiel um den zweiten Platz.“

Fragt der Fußballer den Schiedsrichter: „Wie heißt denn Ihr Hund?“ „Ich habe keinen Hund!“ „Oh, das tut mir aber Leid. Blind – und keinen Hund ...“

Thomas fragt seinen Freund Peter: „Sag mal, was ist eigentlich der Unterschied zwischen einem Schiedsrichter und unserem Stürmer?“ „Ist doch klar“, grinst Peter. „Der Schiedsrichter hat eine Pfeife, unser Stürmer ist eine.“

Toni Polster: „Ich bin Optimist. Sogar meine Blutgruppe ist positiv.“

Fragt ein Reporter den Fußballstar: „Können Sie sich an Ihr schönstes Tor erinnern?“ Antwortet der Fußballer: „Ja, das war vor einem Jahr das Eingangstor zu meiner Villa!“

Giovanni Trappatoni: „Es gibt nur einen Ball. Wenn der Gegner ihn hat, muss man sich fragen: Warum!? Ja, warum? Und was muss man tun? Ihn sich wiederholen!"

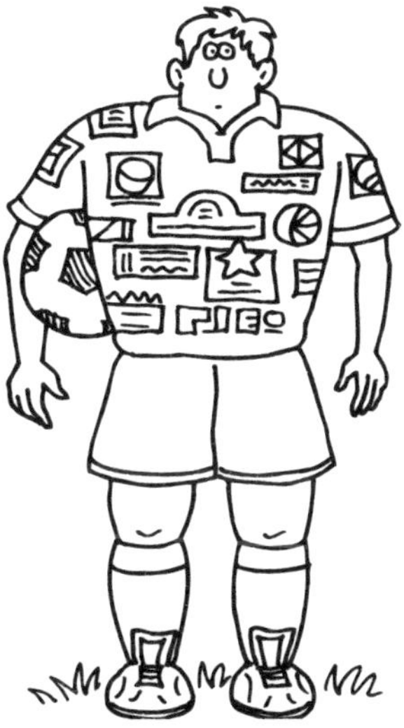

„Immer, wenn ich im Fernsehen Kaiserslautern sehe, verlieren die." „Beruhige dich! Im Radio spielen die auch nicht besser."

Reporter nach dem Länderspiel zu Piotr Trochowski: „Sie waren überall, nur nicht da, wo der Ball war. Dort, wo das runde Leder war, stand immer ein Gegenspieler.“ Trochowski abwehrend: „Ich habe mich nur an die taktischen Vorgaben von Joachim Löw gehalten: Ball und Gegner laufen lassen.“

Marcel Schäfer: „Bei meinen Schüssen möchte ich auch nicht im Tor stehen.“

Veteranentreffen. Mario Basler kommt auf Krücken zum Treffen gehumpelt. Fragt ihn Rudi Völler: „Was ist denn mit dir passiert?“ „Ich bin vom Baum gefallen“, sagt Basler. Fragt Völler mitleidig: „Hoch?“ „Nein“, antwortet Basler, „runter!“

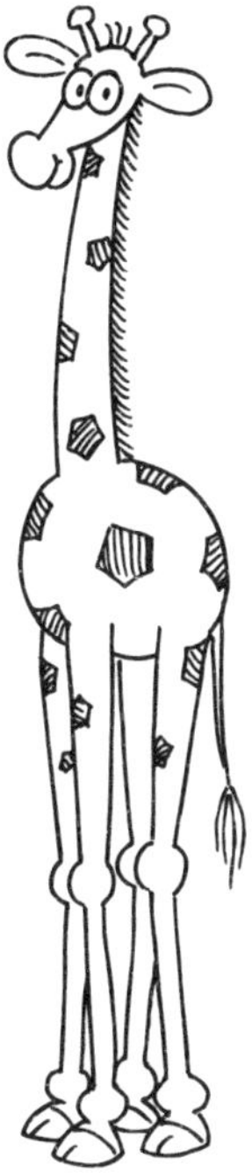

Der Schiedsrichter pfeift Elfmeter. Der gefoulte Stürmer legt den Ball genau auf den Punkt. Da schreit seine Frau vom Spielfeldrand: „Wenn du den daneben schießt, brauchst du gar nicht mehr nach Hause zu kommen!“ Daraufhin legt sich der Spieler den Ball noch einmal sorgfältig zurecht, läuft bedächtig an – und schießt die Kugel 20 Meter neben das Tor …

Otto Rehagel: „Mal verliert man, mal gewinnen die anderen.“

Warum musste das Spiel Mönchengladbach gegen die Bayern ausfallen? – Die Borussen brauchten erst eine zweistellige Anzeigetafel.

Ein Polizist hält den Wagen von Arne Friedrich an. „Ihr Wagen ist völlig überladen. Geben Sie mir doch bitte einmal Ihren Führerschein.“ Friedrich: „Aber der wiegt doch höchstens 40 Gramm!“

Kommt Bastian Schweinsteiger zur Sekretärin seines Managers. Sagt Schweinsteiger zu ihr: „Ich will zum Manager.“ Antwortet die Sekretärin: „Tut mir leid, der ist nicht da.“ Sagt Schweinsteiger: „Aber ich habe ihn doch eben von der Straße aus am Fenster gesehen.“ Die Sekretärin nickt. „Eben – er sie auch ...“

Christoph Daum: „Das Gegentor fiel zum psychologisch ungünstigsten Zeitpunkt. Aber man muss an dieser Stelle auch einmal die Frage stellen, ob es Gegentore gibt, die zu einem psychologisch günstigen Zeitpunkt fallen.“

Der Mathelehrer schreibt 2:2 an die Tafel. „Was ist das, Kinder?“ „Unentschieden“, ruft die Klasse lauthals wie aus einem Mund.

Mario Basler: „Ich habe immer gesagt, mich interessiert nicht, wer spielt. Hauptsache ich spiele.“

„Sie wissen wohl nicht, wen Sie vor sich haben“, faucht Franz Beckenbauer den Hotelportier an, „wie können Sie es wagen, mich in ein so kleines Zimmer zu schicken?!“ „Aber beruhigen Sie sich“, erwidert der Portier, „das ist doch nur der Fahrstuhl!“

„Wer wird hier eigentlich operiert?“, will der Chefarzt wissen. Darauf der Chirurg: „Ein Mann, der einen Fußball verschluckt hat.“ – „Aha, und was will der andere Mann, der da herumsteht?“ – „Weiterspielen, er wartet auf den Ball.“

Otto Rehagel: „Jeder kann sagen, was ich will.“

Bielefelds Trainer zu seiner Mannschaft: „Der Nichtabstieg wäre das schönste Geburtstagsgeschenk für mich.“ Darauf sein Torwart: „Zu spät, wir haben schon eine Uhr gekauft.“

Ein 1860 München-Fan steht vor Gericht, weil er zwei Bayern-Fans angefahren hat. Richter: „Angeklagter, sagen Sie die Wahrheit!“ Angeklagter: „Die Straße war vereist, mein Wagen ist ins Schleudern gekommen.“ Richter: „Es ist August, Sie sollen die Wahrheit sagen!“ Angeklagter: „Es hat geregnet und Laub war auf der Straße.“ Richter: „Seit Tagen scheint die Sonne, zum letzten Mal, die Wahrheit!“ Angeklagter: „Also gut, die Sonne schien, schon von weitem habe ich die Bayern-Fans gesehen, also habe ich auf sie draufgehalten. Der eine hat eine Beule in meinem Kotflügel hinterlassen, der andere ist in einen Hauseingang geflogen. Ich bereue nichts!“ Richter: „Na warum denn nicht gleich so? Den einen verklagen wir wegen Sachbeschädigung, den anderen wegen Hausfriedensbruch!“

„Mensch, sind Sie blind?“, schreit der zornige Stürmer den Schiedsrichter an. Der aber will dem Spieler noch eine Chance geben, damit er nicht die rote Karte zücken muss. Deshalb fragt er: „Hat hier jemand was gesagt?“ Da wendet sich der Fußballer ab und knurrt: „Oh Mann, und taub ist er auch noch!“

Friedel Rausch (kurz bevor er mit dem Club absteigen musste): „Der Abstieg trifft sicher eine Mannschaft, die noch gar nicht damit rechnet."

Ulla Klopp zu ihrem Mann: „Unser Nachbar gibt seiner Frau immer noch ein Küsschen, bevor er wegfährt. Warum tust du das nicht auch?" Lächelt Jürgen Klopp: „Aber warum denn? Ich kenne die Frau doch gar nicht, Liebling."

Kommt ein Spieler zum Training und sagt zum Trainer: „Trainer, ich kann leider nicht mitmachen, ich habe Fieber.“ Entgegnet der Trainer: „Gut, dann brauchst du dich ja nicht mehr warm zu laufen.“

Günter Netzer: „Kopfball war für mich immer so etwas Ähnliches wie Handspiel.“

„Nein“, sagt Michael zu seiner Verlobten. „Wir können auf keinen Fall an einem Donnerstag heiraten.“ „Warum denn nicht?“ „Weil dann unsere Silberhochzeit auf einen Samstag fällt. Und da bin ich im Stadion!“

137

Leseprobe

Luigi Garlando

Tor!
Band 1 – Anpfiff!

Gaston Champignon pfeift das Ende des letzten Trainings und bittet die Mannschaft, sich im Schatten der Bäume zusammen zu setzen.
„Leute, wir stehen vor unserem ersten Spiel. Vor allem will ich euch sagen, dass ihr richtig klasse trainiert habt. Jeder von euch hat sich reingeworfen und große Fortschritte gemacht. In den zwei Wochen haben wir geschwitzt, wir haben gelacht, wir haben Spaß gehabt, und wir haben uns besser kennen gelernt. Auf diese Weise wird eine echte Mannschaft geboren. Ihr seid einzelne Blütenblätter gewesen, und jetzt werdet ihr eine gemeinsame Blüte.
Habt Spaß, Kinder!
Denn selbst wenn die Akademie zehn Treffer erzielt und wir mehr Spaß haben als sie, haben wir am Ende

gewonnen! Und jetzt wartet noch einen Moment …“
Champignon geht zu seinem blumenverzierten Auto und kommt mit einer großen, blauen Tasche zurück. Er öffnet sie und zieht ein schwarzes Dress für den Torwart, sowie sieben weiße für die Feldspieler hervor. Dann verteilt er sie an die Mannschaft: Trikots, Hosen und Stutzen. Spillo hat die Nummer 1, Lara die 2, Sara die 3, Becan die 7, Tommi die 9, Dante die 10, Joao die 11, Ciro die 6.
„Meine Lieblingsnummer!“, ruft Dante. Und wirklich, alle Einser, die er schon in der Schule geschrieben hat, können diese Nummer 10 nicht aufwiegen. Eine 10 auf dem Trikot einer echten Fußballmannschaft. Dante scheint es wie ein Traum … Champignon lächelt angesichts der Überraschung seiner jungen Champions.
Die Trikots sind aber auch wirklich schön. Neugierig betrachtet Tommi den gelben Farbtupfer, der inmitten des auf der Brust aufgedruckten Wappens leuchtet.
„Was ist das?“, will er wissen.
„Eine Zwiebel“, sagt Champignon.
„Eine Zwiebel?“
„Ja“, antwortet der Koch ernsthaft. „Ich habe nämlich beschlossen, dass unsere Mannschaft die Zwiebelchen heißen wird.“

Tommi und Spillo sehen sich an. Dann starren sie gleichzeitig ihren Trainer an, in der Hoffnung, dass er nur einen Witz gemacht hat.
„Die Zwiebelchen?“
„Genau. Mögt ihr den Namen nicht?“
„Aber die Zwiebelchen, das ist ein Mädchenname!“, brüllt Spillo angeekelt, als müsste er die Hände in die frische Schleimspur einer Schnecke drücken.
Sara sieht ihn wütend an: „Wir sind Mädchen!“
Tommi eilt seinem Freund zur Hilfe: „Spillo hat recht. Eine Fußballmannschaft kann keinen weiblichen Namen tragen!“
„Ach, nein?“, fragte Lara. „Die Juve ist auch ein weiblicher Name! Und die Juve ist die Mannschaft mit dem meisten Meistertiteln!“
„Aber Juventus, das ist eine Sache“, sagte Tommi. „Die Zwiebelchen - das ist was ganz anderes. Die werden sich alle über uns tot lachen …“
„Dann denk mal daran, dass einem beim Zwiebelschneiden immer die Tränen kommen. Die Zwiebelchen werden alle zum Heulen bringen, die sich über sie lustig machen!“, widerspricht Sara.
„Gut gesagt, Lara!“, stimmt Dante ihr zu.
„Ich bin Sara“, verbessert ihn Sara.

„Jedenfalls", fügt Ciro plötzlich hinzu, „hat auch Maradona, der größte Fußballer aller Zeiten, als Junge in einer Mannschaft gespielt, die Cebollitas hieß. Auf Spanisch heißt das wörtlich die Zwiebelchen. Und niemandem ist es auch nur im Traum eingefallen, sich über Maradona lustig zu machen. Im Gegenteil, das war die beliebteste Mannschaft in ganz Argentinien. Das stimmt doch, oder Trainer?" Er sieht unseren Herrn Pilz an.

Gaston Champignon lächelt und nickt. „Also", meint er dann. „Wir müssen abstimmen. Wer mit den Namen die Zwiebelchen einverstanden ist, hebt die Hand!"

Alle außer Spillo und Tommaso heben die Hand. Die beiden sehen sich für ein paar Sekunden an. Dann zucken sie zum Zeichen der Kapitulation mit den Schultern und strecken die Hände ebenfalls in die Höhe. Der Koch hebt seinen Holzlöffel Richtung Himmel: „Also ist es abgemacht: wir sind die Zwiebelchen!"

Willst du wissen, wie es mit den Zwiebelchen weitergeht?
„TOR! – Anpfiff!" ist mit folgender ISBN im Handel erhältlich: 978-3-440-11601-2

TOR!

Luigi Garlando
Tor!
1 Anpfiff!
ISBN 978-3-440-11601-2

Tommi ist ein großes Fußballtalent, das erkennt der ehemalige Fußballnationalspieler Gaston Champignon sofort. Mit Gaston als Trainer gründen die beiden eine Fußballmannschaft, bei der Freundschaft und Spaß am Spiel im Vordergrund stehen. Doch bald müssen Tommi und seine Freunde zeigen, dass sie auch fußballerisch wirklich was auf dem Kasten haben ...

Jeder Band €/D 8,95
Preisänderung vorbehalten

2 Brasilien, wir kommen!
978-3-440-11602-9

3 Die Meisterschaft ruft!
978-3-440-11895-5

4 Traum vom Finale
978-3-440-11896-2

www.kosmos.de

Profi-Wissen für die Halbzeitpause

Jonas Kozinowski
Fußball –
Taktik, Training, Tore
64 Seiten, ca. 150 Fotos
€/D 12,95
Preisänderung vorbehalten
ISBN 978-3-440-11367-7

Vom ersten Trainingstag bis zum Fußballstar ist es ein weiter Weg. Doch wie wird man einer der wichtigen Elf? Spannende Reportagen beantworten Fragen rund um die Talentförderung und die richtige Ausrüstung. Außerdem erfährst du alles über die Geschichte des rollenden Leders und lernst die großen Spieler kennen. Nachwuchsfans erfahren, wie sie sich als echte Fußballfans zu verhalten haben und in welcher Stadt das größte Fußballstation steht. Mit soviel professionellem Wissen kannst du in der Halbzeitpause mächtig Eindruck machen.

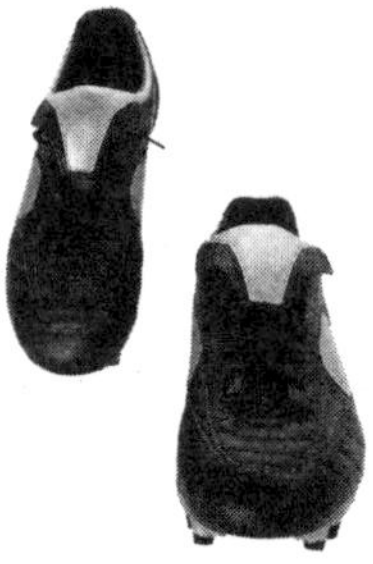

www.kosmos.de